Yves-Alexandre Thalmann

# Das kleine Übungsheft

# Dankbarkeit

Aus dem Französischen von
Claudia Seele-Nyima

Illustrationen von Jean Augagneur



TRINITY

Über den Autor

**Yves-Alexandre Thalmann** ist Psychologe und anerkannter Experte im Bereich der Persönlichkeitsentwicklung. Als Doktor der Physik verpflichtet er sich in seinen gegenwärtigen Arbeitsfeldern der Glücksforschung und der Positiven Psychologie der wissenschaftlichen Überprüfbarkeit seiner Theorien. Er ist Autor zahlreicher erfolgreicher Bücher, darunter auch »Optimismus«, »Endlich frei von Schuldgefühlen« und »Glückstraining«, die ebenfalls in der Reihe »Das kleine Übungsheft« erschienen sind.

Die Originalausgabe ist erstmals 2012 bei
Éditions Jouvence erschienen.

Umschlaggestaltung: Guter Punkt, München
Satz: Veronika Preisler, München
Druck und Bindung: Pustet, Regensburg
ISBN 978-3-941837-96-6

Dankbarkeit ist, zusammen mit Großzügigkeit, einer der wirkungsvollsten »Verstärker« des Glücks. Zu diesem Schluss gelangt die Positive Psychologie, auch als Glücksforschung bezeichnet.

Warum ist es so wirkungsvoll, »Danke« zu sagen? Warum tut es so gut?

Sie werden es herausfinden – mit diesem kleinen Übungsheft, das Ihnen zahlreiche leicht umsetzbare Aktivitäten zeigt, mit denen Sie Ihren Geist der Dankbarkeit fördern.

Lassen Sie uns sofort damit anfangen: Danke, liebe Leserinnen, liebe Leser, dass Sie sich dieses kleine Übungsheft ausgesucht haben! Und danke, dass Sie dazu beitragen, mithilfe der Dankbarkeit ein bisschen Glück um sich herum zu verbreiten!

> **Seinen Dank auszudrücken ist gewissermaßen eine Metastrategie, um Glück zu erlangen.**
>
> Sonja Lyubomirsky

Das Wort danke gehört zum Grundvokabular der meisten Kulturen. Es drückt in knapper Form aus: »Ich weiß das zu schätzen, was du für mich getan hast.«

Alle Eltern legen Wert darauf, dass ihre Kinder »Danke« sagen, sobald sie sprechen können.

Es ist auch eines der ersten Wörter, das man in einer anderen Sprache lernt, wenn man ins Ausland fährt.

**Nun sind Sie dran: Füllen Sie die folgende Tabelle aus:**

| | | | |
|---|---|---|---|
| Danke | ⇨ | auf Englisch | *Thank you* |
| | | auf Französisch | .................... |
| | | auf Spanisch | .................... |
| | | auf Italienisch | .................... |
| | | auf Japanisch | .................... |
| | | auf … | .................... |
| | | auf … | .................... |
| | | auf … | .................... |
| | | auf … | .................... |

## Dankbarkeit macht mehrsprachig!

**Kennen Sie weitere Formulierungen, mit denen Sie Ihrer Dankbarkeit Ausdruck verleihen?**

Ich bin dir zu Dank verpflichtet.

........................................................

........................................................

........................................................

........................................................

........................................................

........................................................

........................................................

# Haben Sie heute schon oft genug »Danke« gesagt?

**Bewaffnen Sie sich mit einem Notizbuch und schreiben Sie auf, wie oft am Tag Sie das Wort »danke« aussprechen.**

Ihr heutiges Ergebnis (Datum: ..........) : ..........

Ihr heutiges Ergebnis (Datum: ..........) : ..........

Ihr heutiges Ergebnis (Datum: ..........) : ..........

Ihr heutiges Ergebnis (Datum: ..........) : ..........

Ihr heutiges Ergebnis (Datum: ..........) : ..........

Ihr heutiges Ergebnis (Datum: ..........) : ..........

**Ihr bestes Ergebnis: ..............................**

*Üben Sie regelmäßig, Ihren Rekord zu brechen.*

Hilfestellung:

In welchen Situationen könnten Sie **»Danke«** sagen, obwohl Sie es nicht für angebracht halten und es deshalb nicht tun?

**Zum Beispiel:** wenn mein Kind seine Kleidung ordentlich einräumt.

**Zum Beispiel:** wenn mein Mann mir ein Kompliment macht.

**Zum Beispiel:** wenn ein Autofahrer mir die Vorfahrt lässt.

**Nun Sie:**

Allgemeine Regel:

Lassen Sie niemals eine Gelegenheit aus, Danke zu sagen.



(Um sie sich einzuprägen, können Sie diese Devise auf Zettel schreiben, die Sie gut sichtbar aufhängen.)

# Ein »Danke« tut jedem gut, der es hört!

Wenn Sie Danke sagen, tut das demjenigen gut, der es hört. Es ist die Nahrung par excellence, die das **Bedürfnis nach Anerkennung** und Selbstachtung in jedem von uns befriedigen kann.

Doch nicht jede Nahrung stillt den Hunger auf dieselbe Weise. Manche Nahrungsmittel sind eher unverdaulich und verursachen Übelkeit. Andere hingegen sind eine wahre Gaumenfreude und geben dem Körper Gesundheit und Energie.

Genauso verhält es sich mit dem Bedürfnis nach Anerkennung: Manche Äußerungen stillen es besser als andere.

## »Sättigungsvermögen«

Max.

| | |
|---|---|
| Zeichen bedingungsloser positiver Anerkennung (an keine Bedingung geknüpft) | *Danke, dass es dich gibt!*<br>*Ich liebe dich.* |
| Zeichen bedingter positiver Anerkennung (an eine Bedingung geknüpft) | *Ich mag es, wenn du mich beachtest.*<br>*Glückwunsch zu deinem Erfolg!* |
| Zeichen bedingter negativer Anerkennung | *Ich hasse es, wenn du lügst!*<br>*Du kannst nicht kochen.* |
| Zeichen bedingungsloser negativer Anerkennung | *Du bist eine Niete!*<br>*Ich verachte dich!* |

Min.

Gleichgültigkeit 0

Wir alle mögen Streicheleinheiten lieber als Schläge!
**Doch häufig sind einem Schläge immer noch lieber als Gleichgültigkeit …**
**Es gibt nichts Schlimmeres, als in den Augen anderer nicht mehr zu existieren, ignoriert zu werden!**

Dankbarkeitsbekundungen gehören zu den besten Nahrungs-mitteln, um das Bedürfnis nach Anerkennung zu stillen. Außerdem kosten sie den, der sie verteilt, NICHTS ...

**Denken Sie sich Ihre persönlichen Formulierungen aus, die bedingungslose Zeichen positiver Anerkennung übermitteln:**

Allgemein: ..........................................

.....................................................

.....................................................

.....................................................

.....................................................

Gegenüber Ihren Eltern: .............................

.....................................................

.....................................................

.....................................................

.....................................................

Gegenüber Ihrem/Ihrer Geliebten: ....................

.....................................................

.....................................................

.....................................................

.....................................................

Gegenüber Ihren Kindern: ...............................

Gegenüber Ihren Freunden: ...............................

Gegenüber Ihren Kollegen[1]: ...............................

Gegenüber Ihren Nachbarn: ...............................



1 Wissenschaftler haben herausgefunden, dass sich Zufriedenheit bei der Arbeit dann einstellt, wenn dreimal mehr Äußerungen der Dankbarkeit und Befriedigung ausgetauscht werden als negative (kritische) Äußerungen.

He! Nicht so schnell! Es wäre schade, diese schönen Formulierungen ungenutzt in diesem Heft schlummern zu lassen. Nehmen Sie sich Ihr Handy, lassen Sie sich von den oben aufgeschriebenen Sätzen inspirieren und schicken Sie eine SMS an eine Person Ihrer Wahl (E-Mails sind auch erlaubt). **Jetzt.**

Man findet schnell Geschmack an guten Dingen. Was halten Sie davon, von nun an einmal wöchentlich eine solche Nachricht zu versenden?

# Was sagen Sie, wenn man Ihnen ein Kompliment macht?

Aus Bescheidenheit, Scham oder weil es vermeintlich höflich ist, reagieren wir manchmal verunsichert, wenn wir ein Kompliment erhalten.

Wir spielen es herunter: »Ach, das ist doch nicht der Rede wert …«
Wir weisen es von uns: »Nein, so begabt, wie du sagst, bin ich doch gar nicht!«
Wir geben ihm eine andere Richtung: »Das sagst du ja nur, um mir eine Freude zu machen.«
Wir entstellen es: »Du sagst, dass ich heute schön aussehe. Das heißt, du findest mich an anderen Tagen nicht schön …«

**Wie reagieren Sie üblicherweise auf Komplimente?**

. . . . . . . . . . . . . . . . . . . . . . . . . . . . . . . . . . . . . . . . . . . . . . .

. . . . . . . . . . . . . . . . . . . . . . . . . . . . . . . . . . . . . . . . . . . . . . .

. . . . . . . . . . . . . . . . . . . . . . . . . . . . . . . . . . . . . . . . . . . . . . .

. . . . . . . . . . . . . . . . . . . . . . . . . . . . . . . . . . . . . . . . . . . . . . .

. . . . . . . . . . . . . . . . . . . . . . . . . . . . . . . . . . . . . . . . . . . . . . .

. . . . . . . . . . . . . . . . . . . . . . . . . . . . . . . . . . . . . . . . . . . . . . .

. . . . . . . . . . . . . . . . . . . . . . . . . . . . . . . . . . . . . . . . . . . . . . .

Das Einfachste ist jedoch, das Kompliment als Geschenk anzunehmen, also sich dafür zu **bedanken**.

»Danke, das freut mich.«

»Danke, es tut mir gut, das zu hören!«

»Ich danke dir.«

Antworten Sie von jetzt an auf Komplimente, indem Sie sich bedanken, und achten Sie darauf, wie sich das auswirkt – auf Sie und auf denjenigen, der Ihnen das Kompliment gemacht hat.

# Der Dankesbrief

Einen Dankesbrief zu schreiben bringt zahlreiche positive Auswirkungen mit sich, sowohl für die Person, die den Brief schreibt, als auch für den Empfänger.

Der Verfasser wird sich all seiner Privilegien bewusst, die er genießt.
Der Empfänger erhält Dankbarkeit, die sein Selbstwertgefühl steigert.

**Wem könnten Sie einen Dankesbrief schreiben?**

| Name | Gründe |
| --- | --- |
| | |

## Brief an meinen Vater

Papa, ich möchte dir für alles danken, was du für mich getan hast.

Ich erinnere mich an besondere Momente, als wir zusammen ins Freibad gegangen sind und du mir das Schwimmen beigebracht hast. Und auch an unsere Fahrradtouren bei Anbruch der Dunkelheit. Und außerdem, dass du dir Zeit genommen hast, um mir vor dem Schlafengehen Comics vorzulesen.

Viele Erinnerungen könnte ich heraufbeschwören – zu viele, um sie alle zu erwähnen.

Über diese besonderen Momente hinaus hast du mir aber vor allem eine bestimmte Sicht des Lebens vermittelt. Ich habe gesehen, wie großzügig du mit deiner Zeit und deinem Geld umgegangen bist. Nie hatte ich das Gefühl, dass es mir an irgendetwas mangelte.

Und ich habe gelernt, dass man sich im Leben etwas Freude gönnen darf. Arbeit ist nicht alles!

Natürlich war nicht immer alles rosig. Aber dank deiner Ecken und Kanten habe ich auch gelernt, ich selbst zu werden.

Für all das und vieles mehr möchte ich dir Danke sagen, Papa.



Nun sind Sie wieder dran: Entwerfen Sie drei Dankesbriefe.

# Prägende Einflüsse

Wir sind, was wir sind, dank der Menschen, mit denen wir in Berührung kamen, die uns begleitet, beeinflusst, geprägt haben. Ohne ihre Mitwirkung wären wir nicht am Leben (ein Baby überlebt allein nicht), hätten keine Bildung (ein Kind lernt allein nicht sprechen) usw.

Nehmen Sie sich einen Moment Zeit und überlegen Sie, welche Menschen Sie geprägt haben, Menschen, denen Sie verdanken, dass Sie der geworden sind, der Sie jetzt sind. Denken Sie an all die entscheidenden Begegnungen, die Ihren Lebensweg positiv beeinflusst haben: Lehrer, Freunde, Liebespartner usw.

Ich empfinde Dankbarkeit gegenüber:

- ..................................................
- ..................................................
- ..................................................
- ..................................................
- ..................................................
- ..................................................
- ..................................................
- ..................................................
- ..................................................
- ..................................................
- ..................................................
- ..................................................

Mitunter sind es Ideen, die uns geprägt und es geschafft haben, unser Leben zu verändern. Manche Schöpfer dieser Ideen sind immer noch am Leben und glücklicherweise in Zeiten des Internets – leicht erreichbar. Warum ihnen nicht eine E-Mail schreiben, um ihnen dafür zu danken, dass sie uns beeinflusst haben?[2]



2 Anm. d. Aut.: »Als Autor bezeuge ich, dass eine solche Nachricht sich sehr positiv auswirkt. Und es erfordert weder großartige Schreibkenntnisse noch einen virtuosen Umgang mit Worten, um jemandem zu danken!«

# Ihr Zufriedenheitstagebuch

Nicht nur andere verdienen Ihre Dankbarkeit. Sie können auch sich selbst danken!

## Selbst ist der Mann (und die Frau)!

Schaffen Sie sich ein Zufriedenheitstagebuch an und halten Sie es immer auf dem neuesten Stand. Zeichnen Sie darin das auf, was Sie getan haben und worauf Sie stolz sind – selbst wenn es nur etwas Geringfügiges ist. Zum Beispiel:

- Ich habe meine Wohnung aufgeräumt.
- Ich habe meinen Papierkram erledigt.
- Ich bin bei einem Streit mit meinem Ehepartner ruhig geblieben.
- Als ich vor einem Schaufenster vorbeigegangen bin, konnte ich der Versuchung widerstehen.
- Ich habe es gewagt, meinen Chef um etwas zu bitten.
- Ich habe eine sportliche Aktivität wieder aufgenommen.

**Hier die erste Seite Ihres Zufriedenheitstagebuchs. Was schreiben Sie hinein?**

Hinweis: Diese Übung ist ein ausgezeichnetes Mittel gegen einen zu selbstkritischen Blick, insbesondere für Perfektionisten (die stets unzufrieden sind, ganz gleich, was sie alles zu leisten vermöchten). Sie werden sich selbst gegenüber nachsichtiger.

# Dankbarkeit empfinden

Danke zu **sagen** ist eine Sache der Kommunikation.
Dankbarkeit zu **empfinden** spielt sich dagegen auf unserer Gefühls- oder sogar auf der spirituellen Ebene ab.
Jemandem dankbar sein oder für etwas Dankbarkeit empfinden ist

- eine nach außen gerichtete Bewegung, die bewirkt, dass wir uns anderen und der Welt zuwenden,
- eine Welle, die uns überrollt und uns gleichzeitig zur Ruhe kommen lässt,

- Wärme, die von unserem Herzen ausstrahlt,
- eine Regung der Seele, die sich mit etwas verbindet, das größer ist als sie,
- ein wohltuender Eindruck, dass alles genau so ist, wie es sein sollte,
- ein sanftes und natürliches Loslassen.

**Und Sie? Wie würden Sie das beschreiben, was in Ihnen vorgeht, wenn Sie Dankbarkeit empfinden?**

..............................................................

..............................................................

..............................................................

..............................................................

..............................................................

..............................................................

In welchen Situationen haben Sie dieses Gefühl der Dankbarkeit schon empfunden?

..............................................................

..............................................................

..............................................................

..............................................................

..............................................................

..............................................................

..............................................................

*Es ist so gut, Dankbarkeit zu spüren! Kein Wunder, dass dieser Zustand so eng mit dem Gefühl von Glück in Verbindung gebracht wird (wovon zahlreiche Studien aus dem Bereich der Positiven Psychologie zeugen).*

*Und das Beste ist: Dankbarkeit können Sie ganz nach Belieben empfinden!*

*Sie wollen das Geheimnis erfahren, wie das geht? Dann schnell umblättern zur nächsten Seite ...*

*»Dankbarkeit ist ein Gefühl des Staunens, des Dankbar-Seins und der Feier des Lebens.«*

Robert Emmons

**Füllen Sie die beiden folgenden Spalten aus. In die erste schreiben Sie alles, was Sie derzeit haben, alles, was Sie genießen können (Gesundheit, Arbeit, ein Dach über dem Kopf usw.); in die zweite tragen Sie alles ein, was Sie nicht oder nicht mehr haben, aber gern hätten (ein Luxusauto, ein halbes Jahr Urlaub usw.)**

| **Was ich habe** | **Was ich nicht (mehr) habe** |
|---|---|
| ........................ | ............................ |
| ........................ | ............................ |
| ........................ | ............................ |
| ........................ | ............................ |
| ........................ | ............................ |
| ........................ | ............................ |
| ........................ | ............................ |
| ........................ | ............................ |
| ........................ | ............................ |
| ........................ | ............................ |
| ........................ | ............................ |

**Konzentrieren Sie sich jetzt auf die erste Spalte. Lesen Sie sie noch einmal langsam. Wie fühlen Sie sich? Welche Emotionen kommen in Ihnen auf?**

...........................................................

...........................................................

...........................................................

...........................................................

...........................................................

...........................................................

...........................................................

...........................................................

...........................................................

...........................................................

...........................................................

...........................................................

...........................................................

...........................................................

...........................................................

**Konzentrieren Sie sich dann auf die zweite Spalte. Lesen Sie sie noch einmal langsam. Wie fühlen Sie sich? Welche Emotionen kommen in Ihnen auf?**

...........................................................

...........................................................

...........................................................

Was stellen Sie fest?

## Schlussfolgerung:

Wenn wir unsere Aufmerksamkeit auf das richten, was wir tatsächlich haben, auf alle Vorteile, die wir genießen, fühlen wir uns gut und empfinden Dankbarkeit.

Richten wir dagegen unsere Aufmerksamkeit auf das, was wir nicht haben, auf unsere Verluste, auf das, was die anderen haben, wir selbst aber entbehren müssen, dann empfinden wir Unbehagen und Traurigkeit.

Aber: Unsere Aufmerksamkeit unterliegt unserer Kontrolle! Wir selbst können entscheiden, worauf wir unseren Fokus richten wollen.

Wir selbst können also die Entscheidung treffen, ob wir Dankbarkeit empfinden wollen – und das jederzeit.

# Was haben Sie für ein Glück!

*Unser Leben – ganz gleich, wie es aussieht – ist voller Privilegien. Das vergessen wir tendenziell leider nur zu oft!*

**Zählen Sie alle Privilegien und Vorzüge auf, die Ihnen zugutekommen:**

Ich habe das Glück, dass ..................................

Ich habe das Glück, dass ..................................

Ich habe das Glück, dass ..................................

Ich habe das Glück, dass ..................................

Ich habe das Glück, dass ..................................

Ich habe das Glück, dass ..................................

Ich habe das Glück, dass ..................................

Ich habe das Glück, dass ..................................

Ich habe das Glück, dass ..................................

Ich habe das Glück, dass ..................................

**Ja, es geht tatsächlich noch weiter! Denken Sie noch einmal an alle Privilegien, die Sie genießen – es gibt so viele …**

Ich habe das Glück, dass ..............................

Ich habe das Glück, dass ..............................

Ich habe das Glück, dass ..............................

Ich habe das Glück, dass ..............................

Ich habe das Glück, dass ..............................

Ich habe das Glück, dass ..............................

Ich habe das Glück, dass ..............................

Ich habe das Glück, dass ..............................

Ich habe das Glück, dass ..............................

Ich habe das Glück, dass ..............................

Ich habe das Glück, dass ..............................

Ich habe das Glück, dass ..............................

Ich habe das Glück, dass ..............................

Ich habe das Glück, dass ..............................

Ich habe das Glück, dass ..............................

Ich habe das Glück, dass ..............................

Ich habe das Glück, dass ..............................

*Es ist schon ein Privileg, überhaupt am Leben zu sein!*

*Falls Sie es nicht geschafft haben, alle Zeilen auszufüllen, gibt Ihnen der folgende Text einige Tipps.*

**Ein paar Gründe von vielen, dankbar zu sein:**

die Liebe eines Ehe- oder Lebenspartners,
die lästigen Haushaltspflichten und den anfallenden »Papierkram«, die unser(e) Lebenspartner(in) für uns erledigt,
die Zeit, die er oder sie sich nimmt, um uns zuzuhören, uns zu trösten, uns Ratschläge zu geben usw.,
die emotionale Sicherheit, die uns das Zusammensein mit ihr/ihm gibt,

alle Fürsorge und Liebe, die wir von unseren Eltern erhalten haben, die »undankbaren« Aufgaben, die sie auf sich genommen haben, um uns beim Größerwerden zu unterstützen (Windeln wechseln, Lektionen für die Schule wiederholen usw.),
die vielen Stunden, die sie damit verbracht haben, uns zu erziehen,
die Sorgen, die sie sich bei mancher unserer Entscheidungen gemacht haben,
die Toleranz, die sie angesichts unserer Undankbarkeit an den Tag gelegt haben.

Personen, denen wir dankbar sein können:
den Denkern für die neuen Horizonte, die sie uns eröffnet haben,
Forschern aller Richtungen für ihre Entdeckungen, die unseren Alltag seit Jahrhunderten erleichtern,
Handwerkern und Arbeitern für alles, was sie zu unserem Komfort herstellen,
allen Berufstätigen dafür, dass die Gesellschaft jeden Tag so gut funktioniert (was sich bei einem Streik bemerkbar macht),
den Künstlern für all das Schöne, was sie erschaffen. Jedes Mal, wenn wir ins Kino oder ins Theater gehen oder Musik hören, können wir dankbar sein: Rufen wir uns ins Gedächtnis, dass es der Autoren bedurfte, dass Gestalter, Schauspieler, Musiker, Techniker und Arbeiter notwendig waren, um uns diese Zerstreuungen zu bieten. Auch die Sportler, die Spieler unserer Lieblingsmannschaft und vor allem die Spieler der gegnerischen Mannschaften (ohne die das Ereignis nicht stattfinden könnte!) sollten wir nicht vergessen.
Den Menschen, die anders sind als wir, die gerne das tun, wogegen wir uns sträuben.

Denken Sie auch an alle Erfindungen, die das Leben im 21. Jahrhundert angenehmer machen als je zuvor:
das Hochgeschwindigkeitsinternet, das uns unerhörte Möglichkeiten des Lernens bietet,
das Mobiltelefon,
das GPS-Ortungssystem,
die Nutzung der Solarenergie,
Kontaktlinsen, Gleitsichtbrillen, Laserchirurgie für die Augen,
eine effiziente Medizin, die das Risiko von Epidemien reduzieren konnte, die andernfalls verheerend wären,
die Möglichkeiten, zahlreiche Krebsarten zu erkennen und zu heilen,
die Palliativversorgung,
die Pflege- und Krankenversicherung
usw.

Wir haben eine komplexe, hoch entwickelte Gesellschaft ererbt (Beherrschung der Umwelt, Verkehrs- und Siedlungsnetze, soziale Systeme etc.), für deren Entstehung Tausende Jahre notwendig waren. Stellen wir uns vor, wie das Leben unserer prähistorischen Vorfahren gewesen sein muss. Vergessen wir das nie!

»Dankbarkeit umfasst für viele Menschen viele verschiedene Dinge: Staunen, Wertschätzung, an einem Rückschlag das Gute sehen, die Fülle ermessen, jemandem in Ihrem Leben danken, Gott danken, das wertschätzen, was man hat. Sie bedeutet genießen, Dinge nicht für selbstverständlich halten, mit den Gegebenheiten zurechtkommen, auf die Gegenwart ausgerichtet sein.«

Sonja Lyubomirsky

# Nichts steht Ihnen zu!

In einer kapitalistischen Gesellschaft wie der unsrigen wird vieles unter dem Gesichtspunkt des Geschäfts und des Profits gesehen: Wir kaufen, verkaufen, tauschen.

**Folglich denken wir:** Von dem Moment an, da wir für etwas bezahlt haben, steht es uns zu! Und für das, was uns zusteht, brauchen wir uns nicht zu bedanken!

In Wirklichkeit ist das aber ein **gewaltiger** Irrtum! Geld ist nur eine symbolische Stütze und hat an sich gar keinen Wert. Es ist ein Mittel, den Tausch zu erleichtern. Nicht das Geld ermöglicht letztlich den Tausch, sondern die Bereitschaft, die Übereinkunft der am Geschäft beteiligten Personen ...

**Dass wir etwas bezahlen, bedeutet nicht, dass wir nicht dankbar zu sein brauchen. Hinter jedem Austausch steckt Arbeit, die angeboten wurde ...**

Stellen Sie sich eine Welt vor, in der Geld nicht mehr gültig ist. Wie würde sich der Austausch gestalten? Welchen Platz hätte die Dankbarkeit?

**Schreiben Sie Ihre Gedanken dazu hier auf:**

.....................................................

.....................................................

.....................................................

.....................................................

..........................

..........................

..........................

..........................

..........................

..........................

..........................

..........................

..........................

..........................

..........................

..........................

..........................

..........................

Allzu oft **erstickt** Geld die **Dankbarkeit**. Lassen Sie sich nicht von der trügerischen Ideologie anstecken, die Ihnen vorgaukelt, Dinge würden Ihnen zustehen. Vergessen Sie nicht, welches Glück Sie haben, von der Arbeit anderer profitieren zu dürfen – und folglich, sich zu bedanken, selbst dann, wenn Sie bezahlt haben. Ganz besonders dann, wenn Sie bezahlt haben!

Geld ist der Ruin des Geistes der Dankbarkeit.



Und denken Sie daran, die wirklich wichtigen Dinge im Leben kann man nicht kaufen: Liebe, Freundschaft, Gesundheit, Glück usw.

**Was ist Ihnen wichtig, das Sie niemals kaufen können?**

- ..................................................
- ..................................................
- ..................................................
- ..................................................
- ..................................................
- ..................................................
- ..................................................
- ..................................................
- ..................................................
- ..................................................
- ..................................................
- ..................................................
- ..................................................
- ..................................................
- ..................................................
- ..................................................
- ..................................................
- ..................................................
- ..................................................



*Und wenn Sie sich einmal den Luxus leisten, dankbar zu sein?*

# Der große Feind der Dankbarkeit!

Der Geist der Dankbarkeit erwächst daraus, dass wir uns all der Privilegien bewusst sind, die wir genießen, während uns gleichzeitig klar ist, dass uns nichts automatisch zusteht und nichts endgültig sicher ist. Ein solches Bewusstsein könnte, falls es dauerhaft wäre, unser Leben in staunende Freude verwandeln.

Allerdings vergessen wir trotz all unserer Privilegien immer wieder, welches Glück wir überhaupt haben, dass wir von diesen Vorteilen profitieren dürfen.

Warum?

Weil die **hedonistische Adaption** so verläuft. Es handelt sich einfach um einen Anpassungsmechanismus: Wenn uns etwas geschieht, **passen** wir uns so sehr daran **an**, dass wir nicht mehr darauf achten. Wir **gewöhnen** uns daran, wie wir uns an das Ticken einer Uhr so sehr gewöhnen, dass wir es gar nicht mehr bewusst wahrnehmen.

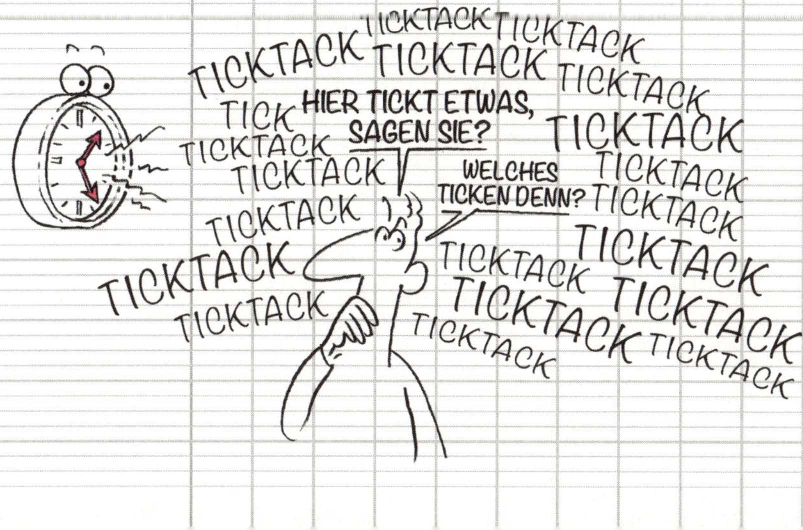

Zum Beispiel sind wir es gewohnt, nach Belieben über heißes Wasser zu verfügen, sodass wir das Privileg, jeden Morgen schön warm duschen zu können, nicht mehr zu schätzen wissen.

**Erkennen Sie die hedonistische Anpassung und die Gewohnheit, die Sie vergessen lassen, wie viele Privilegien Sie im Leben haben!**

## Zu Ihrer Unterstützung:

Nehmen Sie die kleinen Unannehmlichkeiten, Scherereien und anderen Widrigkeiten an, mit denen Sie konfrontiert werden, und honorieren Sie sie angemessen, denn sie erinnern Sie an all die Privilegien, die Sie normalerweise genießen. **Danken Sie** dafür, dass diese kleinen Vorkommnisse passiert sind:

- eine kleine Erkrankung
- eine Autopanne
- eine Störung des Telefondienstes
- ein Stromausfall
- ein Streik im öffentlichen Nahverkehr oder in Dienstleistungsbetrieben

**Ergänzen Sie die Liste:**

. . . . . . . . . . . . . . . . . . . . . . . . . . . . . . . . . . . . . . . . . . . . . . . . . . . .

. . . . . . . . . . . . . . . . . . . . . . . . . . . . . . . . . . . . . . . . . . . . . . . . . . . .

. . . . . . . . . . . . . . . . . . . . . . . . . . . . . . . . . . . . . . . . . . . . . . . . . . . .

. . . . . . . . . . . . . . . . . . . . . . . . . . . . . . . . . . . . . . . . . . . . . . . . . . . .

. . . . . . . . . . . . . . . . . . . . . . . . . . . . . . . . . . . . . . . . . . . . . . . . . . . .

. . . . . . . . . . . . . . . . . . . . . . . . . . . . . . . . . . . . . . . . . . . . . . . . . . . .

. . . . . . . . . . . . . . . . . . . . . . . . . . . . . . . . . . . . . . . . . . . . . . . . . . . .

. . . . . . . . . . . . . . . . . . . . . . . . . . . . . . . . . . . . . . . . . . . . . . . . . . . .

. . . . . . . . . . . . . . . . . . . . . . . . . . . . . . . . . . . . . . . . . . . . . . . . . . . .

. . . . . . . . . . . . . . . . . . . . . . . . . . . . . . . . . . . . . . . . . . . . . . . . . . . .

# Dankbarkeit und Achtsamkeit

Um Dankbarkeit empfinden zu können, sollte Ihnen das, was Sie erleben, fühlen und empfinden, bewusst sein.

Nun ist unser Geist aber wie ein Kessel, in dem ununterbrochen Tausende Gedanken zusammengebraut werden. Immer und immer wieder. Diese Gedanken reißen uns mit sich, weg von uns selbst, und lassen uns vergessen, dass wir hier und jetzt leben.

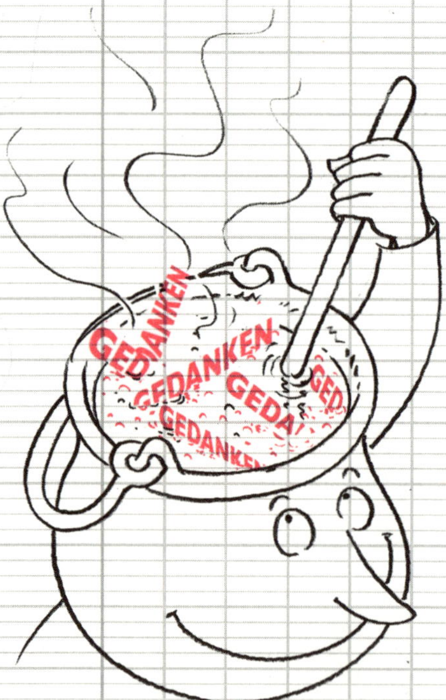


Nehmen Sie sich regelmäßig Zeit, innezuhalten und Ihr Bewusstsein nicht auf Ihre Gedanken, sondern auf Ihre Empfindungen zu richten. Kommen Sie in die Gegenwart zurück. Das bezeichnet man als »Achtsamkeit« (mindfulness auf Englisch).

## *Verweilen Sie in der Gegenwart, indem Sie sich mit Ihren Empfindungen verbinden.*

**Achtsamkeitsübung:**

Richten Sie nun Ihre ganze Aufmerksamkeit auf das, was Sie gerade tun.
Sie halten ein Übungsheft in der Hand: Was für eine Empfindung ruft das an Ihren Fingerspitzen hervor? Wie ist das Papier? Wie ist seine Oberfläche beschaffen? Fühlt sich der Umschlag anders an als die Innenseiten? Berühren Sie das Papier, streichen Sie darüber.
Betrachten Sie das Heft: Welche Farben, Kontraste, Schriften zeichnen sich darin ab? Nehmen Sie den Geruch wahr, den das Papier, die Druckfarbe verströmt? Atmen Sie ihn ein.
Und Ihre Hände? Umklammern sie das Heft? Was tut Ihre rechte Hand? Und die linke? Sind Sie in der Haltung, die Sie zum Lesen dieses Hefts eingenommen haben, entspannt? Wo befinden sich angespannte Stellen?
Wie ist Ihre Atmung? Ist sie tief oder eher flach? Atmen Sie in den Bauch hinein oder in die obere Lunge?

Sie können so viel erleben und erfahren, wenn Sie in der Gegenwart verweilen, im Raum zwischen den Gedanken, aufmerksam gegenüber Ihren Gefühlen.

Wenn Sie essen, dann essen Sie, statt an etwas anderes zu denken …

Wenn Sie gehen, dann gehen Sie, statt an etwas anderes zu denken …

Wenn Sie fahren, dann fahren Sie, statt an etwas anderes zu denken …

Denn es ist ein **Privileg**, essen, gehen, fahren zu können …

Achtung: Zu denken, dass man geht, ist nicht dasselbe wie bewusst und achtsam wahrzunehmen, dass man geht!

# Dankbarkeit – nichts für ein Foto!

Rosen halten sich nicht lange. Und doch kaufen wir sie und finden Gefallen an ihnen, solange sie blühen.

Verzichten wir etwa auf sie, weil sie vergänglich sind? Bereuen wir unseren Kauf hinterher? Natürlich nicht!

Die Rose lehrt uns, dass nichts endgültig ist. **Alles vergeht.** Wie wir ein Ereignis oder eine Beziehung bewerten, kann nicht allein an ihrer Dauer festgemacht werden.

Warum wollen wir um jeden Preis, dass die Dinge andauern, statt sie jetzt, in der Gegenwart, wertzuschätzen?

Warum wollen wir unbedingt etwas Materielles zurückbehalten statt einer Erinnerung, die wir im Geist bewahren?

Wie oft sieht man Menschen ihren Fotoapparat oder ihre Videokamera zücken, um eine Szene aufzunehmen, ohne dass sie sich die Mühe machen, das, was sie sehen, wirklich wertzuschätzen. Und hinterher haben sie noch nicht einmal die Zeit, ihre Fotos anzuschauen (wie viele Digitalfotos drucken Sie wirklich aus?).

Das nächste Mal, wenn Sie eine Szene verewigen wollen und Ihren Fotoapparat hervorholen, denken Sie daran! Wie wäre es, wenn Sie dann innehalten, sich die Zeit nehmen, **Ihre Sinne** zu öffnen, ganz bewusst, um die Szene wirklich in sich aufzunehmen und zu genießen ... und Ihren Apparat dann wegpacken?

# Das Glück, das im Verlust liegt

**»Glück bedeutet, jemanden zu haben, den man verlieren kann.«**
Philippe Delerm

Es gibt das Glück, etwas zu verlieren, an dem uns etwas liegt … denn um etwas zu verlieren, muss man etwas gehabt haben, muss man gemocht, sich an etwas erfreut haben.

Erinnern Sie sich: Das Leben ist von Verlusten gekennzeichnet. Nichts ist endgültig, **alles** geht schließlich vorüber: Die Dauer ist nicht das entscheidende Kriterium, um etwas zu beurteilen – ganz im Gegenteil.

Lernen wir, dankbar für die Glücksmomente zu sein, die wir dem Leben abringen konnten, statt über das zu jammern, was wir nicht mehr haben …



**»Es ist besser, geliebt und verloren zu haben, als niemals geliebt zu haben.«**
Alfred Lord Tennyson

Hier der Nachruf auf einen jungen Mann, gerade einmal 22 Jahre alt, der bei einem Bergunfall ums Leben kam:

Wir können weinen,
weil du nicht mehr
da bist,
ODER uns darüber
freuen, dass du
gelebt hast.

Wir können die Augen
verschließen und hof-
fen, dass du zurück-
kommst,
ODER sie öffnen und
die Spuren sehen, die
du hinterlassen hast.

Unser Herz kann leer
sein, weil wir dich
nicht mehr sehen,
ODER es kann von der
Liebe erfüllt sein,
die du uns gegeben
hast.

Wir können stehen
bleiben und in der
Vergangenheit leben
ODER uns an der Ver-
gangenheit freuen und
dich leben lassen.

Wir können weinen,
uns verschließen,
untröstlich sein
ODER tun, was du
gerne getan hättest:

Glücklich sein, uns
an der Schönheit der
Natur freuen, lieben,
weitergehen.

Der Geist der Dankbarkeit ist in der Tat eine Entscheidung (**wir können**).
Keine endgültige Entscheidung, die ein für alle Mal getroffen wurde. Sondern eine Reise mit Höhen und Tiefen, Rückschlägen etc.

## YES, WE CAN!

*Es geht darum, unsere Aufmerksamkeit auf das Gute zu lenken, auf das Schöne, selbst wenn es nicht mehr da ist.*

**Nun sind Sie dran, Ihre eigenen Alternativen aufzuschreiben. Legen Sie den Fokus einerseits auf die Trauer, etwas nicht mehr zu haben, auf den Verlust, und andererseits auf die Freude, dass Sie es hatten.**

..................................................

ODER

..................................................

..................................................

ODER

..................................................

..................................................

ODER

..................................................

..................................................

ODER

..................................................

Dankbarkeit erleichtert die Trauerarbeit und verleiht ihr einen Sinn.

Wie ein Sprichwort sagt:

**Ein wenig Duft bleibt immer an den Händen derer haften, die Rosen schenken ...**

# Dankbarkeit für die Liebe

Von allen Privilegien, die unser Leben kennzeichnen, ist das wertvollste sicherlich das der Liebe.

⇨ Liebe, die man empfängt
⇨ Liebe die man empfindet

**Wir sollten nie vergessen, uns immer wieder für die Liebe zu bedanken, die wir empfangen.**

**Wem wollen Sie heute danken?**

- ........................................................
- ........................................................
- ........................................................
- ........................................................
- ........................................................
- ........................................................
- ........................................................
- ........................................................
- ........................................................
- ........................................................

**Und vergessen wir vor allem nie, uns die Liebe, die wir spüren, bewusst zu machen und dafür unendlich dankbar zu sein!**

Jede **Liebesgeschichte** – selbst wenn sie längst der Vergangenheit angehört, selbst wenn sie mit Schreien und in Tränen zu Ende ging – zeugt von der Liebe, die man einmal für jemanden empfunden hat.

Wenn eine Liebe endet (was unweigerlich immer geschieht, da niemand unsterblich ist), bedeutet das, dass uns die Freude vergönnt war, diese Liebe zu erleben.

⇨ Viele Menschen auf dieser Erde hatten nie das Glück, geliebt zu werden.

Wenn eine Liebe sich als unmöglich erweist, als Einbahnstraße, dann bedeutet es, dass wir geliebt haben.

⇨ Viele Menschen auf dieser Erde hatten nie das Glück, zu lieben.

»Dank dir, was immer kommt.« Sie wandte sich,
Und, wie der Strahl der Sonne über Blüten
Dahinschwand, wenn der Wind sie seitwärts bog,
Ging eilends von mir. Ja, was immer kommt,
Voll Glanz war eine Stunde – selbst die Götter
Könnten sich rühmen keines bessern Dings,
Als dass sie schauten, wie die Stunde hinging.[3]

Ezra Pound, »Erat Hora«

Wollen wir Trübsal blasen wegen des vergangenen Glücks ODER uns freuen, dass wir es erleben durften?

Für welche längst vergangene oder unmögliche Liebe möchten Sie gern Ihrer Dankbarkeit Ausdruck verleihen, weil sie Ihnen so wunderbare Momente beschert hat? (Es können auch mehrere sein.)

**Erinnern Sie sich: Sie selbst entscheiden, auf welchen Aspekt eines Ereignisses Sie Ihre Aufmerksamkeit richten!**



3 Hans Hennecke, *Gedichte von Shakespeare bis Ezra Pound.* Limes Verlag, Wiesbaden 1955, S. 309.

# Dankbar sein, wenn das Leben nicht so verläuft, wie wir es gern hätten

Gesehen in einer Kapelle in einer Sammlung von Votivtafeln mit Inschriften:

Wie viel Weisheit steckt in diesen Worten!

Zu erkennen, dass das, was wir uns mit all unseren Kräften gewünscht haben, letztlich nicht gut für uns gewesen wäre …

Wir sollten unseren Geist der Dankbarkeit für das Leben entwickeln, selbst dann, wenn es nicht wie vorgesehen oder gewünscht verläuft. Bleiben wir offen …

Wer sind wir, das wir wissen könnten, welche Folgen die Ereignisse für uns haben? Ob sie Glück oder Unglück nach sich ziehen?

- Eigentlich wollten wir kein Kind haben … und ein paar Jahre später merken wir, dass dieses Kind, das trotzdem gekommen ist, ein Segen ist.
- Die Arbeitsstelle, die uns angeboten wird, wollen wir auf keinen Fall … und wenige Jahre später wird uns klar, dass diese Arbeit, die wir vorläufig angenommen hatten, mehr als alles andere zu unserer persönlichen Entfaltung beiträgt.
- Wir weinen, weil der Lebensgefährte uns verlassen hat … und nach einigen Jahren wird uns klar, dass er unser Vertrauen nicht verdiente und sich gegenüber seiner neuen Lebensgefährtin gewalttätig verhält.

**Nun ist es an Ihnen, einige Begebenheiten aufzuschreiben, die Sie zunächst pessimistisch interpretiert haben, bei denen sich jedoch im Nachhinein herausstellte, dass sie für Sie von Vorteil waren.**

.....................................................................

.....................................................................

.....................................................................

.....................................................................

.....................................................................

.....................................................................

.....................................................................

.....................................................................

.....................................................................

.....................................................................

.....................................................................

.....................................................................

.....................................................................

.....................................................................

.....................................................................

.....................................................................

.....................................................................

.....................................................................

.....................................................................

.....................................................................

Allem lässt sich etwas Gutes abgewinnen ...

⇨ »Gott, ich danke dir, dass du mich **nicht** erhört hast!«

Sind nicht Dankgebete die schönsten Gebete?

Es war einmal ein Bauer mit seinem Sohn. Die harte Feldarbeit verrichteten die beiden Männer mithilfe ihres Pferdes. Eines schönen Tages riss das Pferd, dessen Koppel offen geblieben war, aus und floh in die umliegenden Berge. Die Dorfbewohner kamen, um den alten Mann zu bedauern.

»Welch ein Unglück! Was willst du denn jetzt machen, ohne Pferd?«

»Ist's ein Glück, ist's ein Unglück, wer weiß das schon?«, erwiderte der Bauer.

Einige Tage später kam das Pferd wieder zurück, gefolgt von einigen wilden Stuten, die die beiden Männer auf ihrer Koppel unterbringen konnten. Die neidischen Dörfler beglückwünschten den alten Mann.

»Welch ein Glück! Jetzt hast du mehrere Pferde, die dir helfen können. Wir beneiden dich!

»Ist's ein Glück, ist's ein Unglück, wer weiß das schon?«, erwiderte der Bauer nur …

Nun, Sie haben das Prinzip dieser Geschichte verstanden, die unendlich fortgesetzt werden kann: Bei jedem Ereignis gibt jemand eine deutliche Meinung ab. Der Bauer seinerseits schiebt seine Beurteilung auf und interpretiert das, was geschieht, weder als Glück noch als Unglück.

In Wirklichkeit sind Glück und Unglück lediglich Sichtweisen; negative Ereignisse können sich unter Umständen als äußerst bereichernd erweisen und positive Veränderungen nach sich ziehen.

Erfinden Sie doch einmal ein kleines persönliches Märchen nach dem Muster »Ist's ein Glück oder ein Unglück, wer weiß?«

. . . . . . . . . . . . . . . . . . . . . . . . . . . . . . . . . . . . . . . . . . . .

. . . . . . . . . . . . . . . . . . . . . . . . . . . . . . . . . . . . . . . . . . . .

. . . . . . . . . . . . . . . . . . . . . . . . . . . . . . . . . . . . . . . . . . . .

. . . . . . . . . . . . . . . . . . . . . . . . . . . . . . . . . . . . . . . . . . . .

. . . . . . . . . . . . . . . . . . . . . . . . . . . . . . . . . . . . . . . . . . . .

. . . . . . . . . . . . . . . . . . . . . . . . . . . . . . . . . . . . . . . . . . . .

. . . . . . . . . . . . . . . . . . . . . . . . . . . . . . . . . . . . . . . . . . . .

. . . . . . . . . . . . . . . . . . . . . . . . . . . . . . . . . . . . . . . . . . . .

. . . . . . . . . . . . . . . . . . . . . . . . . . . . . . . . . . . . . . . . . . . .

»Es gibt nur eine Sünde, der alle möglichen entwachsen (...)
Das ist die Undankbarkeit.
Und es gibt nur eine Tugend: Dankbarkeit. Sie zelebriert der Säugling,
wenn er schlummert, nachdem er sich an der Brust genährt hat,
und die Sonnenblume, die ihr Haupt zum Licht wendet.«

Ernst Jünger[4]



4 *Ernst Jünger. Sämtliche Werke.* Bd. 22, Klett-Cotta, Stuttgart 2003, S. 79.

## Zelebrieren und feiern!

Die frühen Gesellschaften strukturierten das gemeinsame Leben durch Feste und Feiern. Das waren Gelegenheiten, sich zu freuen und Dankbarkeit zum Ausdruck zu bringen …

**Welche Ereignisse Ihres Lebens könnten Sie feiern (Begegnungen, Geburtstage, Versöhnungen, Beförderungen usw.)? Mit wem? Wie?**

...........................................................

...........................................................

...........................................................

...........................................................

...........................................................

...........................................................

...........................................................

...........................................................

...........................................................

...........................................................

...........................................................

...........................................................

...........................................................

...........................................................

...........................................................



*Feiern ist Dankbarkeit in Aktion.*

## Zum Schluss: Die positiven Auswirkungen der Dankbarkeit

Dankbarkeit tut gut und bislang sind keinerlei schädliche Nebenwirkungen bekannt.

Studien über Dankbarkeit zeigen, dass dankbare Menschen glücklicher, energiegeladener und optimistischer sind. Sie sind auch hilfsbereiter, sympathischer, vergeben leichter.

Doch das ist noch nicht alles: Sie werden leichter mit Depressionen und Ängsten fertig und sind weniger anfällig für psychische Störungen. Selbst ihre Gesundheit ist besser – sie haben weniger Symptome wie Migräne, Akne, Husten, Übelkeit usw.

Immer wieder werden zahlreiche wissenschaftliche Arbeiten über Dankbarkeit veröffentlicht[5], und jedes Mal werden die Ergebnisse bestätigt: Dankbarkeit tut gut – einem selbst, dem Körper, den anderen, der Gesellschaft im Allgemeinen, dem Planeten …



5 Zu einer detaillierten Darstellung s. z. B. Emmons, R./Shelton, C.: Gratitude and the Science of Positive Psychology«, in: C. R. Snyder/S. J. Lopez (Hrsg.): *Handbook of Positive Psychology*. Oxford University Press, 2002, pp. 459-471.

Angesichts solcher Wohltaten kann man nur von Dankbarkeit erfüllt sein … für die Dankbarkeit.

*Das ist schon einige Farben wert!*

**Malen Sie die folgenden Buchstaben bunt aus:**

PS:

Ich möchte Ihnen, liebe Leserin, lieber Leser, an dieser Stelle gern noch einmal meinen aufrichtigen Dank dafür aussprechen, dass Sie diesen Text gelesen haben. Sie haben mir so die Gelegenheit gegeben, einige Gedanken mitzuteilen, die – davon bin ich überzeugt – zu einem besseren Leben beitragen können. Mein Dank geht daher an Sie und an alle, die sich einsetzen, damit Texte wie dieser das Licht der Welt erblicken können, angefangen beim Verlag über den Vertrieb bis hin zu den Buchhändlern, Journalisten und allen, die an der Realisierung und Verbreitung des Buches mitwirken.

Was für ein Privileg, ein Buch in den Händen halten zu können, finden Sie nicht?

## Die Bibliothek der guten Gefühle

Aus dem Französischen von Claudia Seele-Nyima
Illustrationen von Jean Augagneur
64 Seiten, broschiert

### Das kleine Übungsheft:

Xavier Cornette de Saint Cyr
**Verborgene Talente entdecken**
ISBN 978-3-941837-52-2

Alice le Guiffant & Laurent Pare
**Ausmisten und wieder durchatmen**
ISBN 978-3-941837-71-3

Ilios Kotsou
**Achtsamkeit**
ISBN 978-3-941837-95-9

Ilios Kotsou
**Emotionale Intelligenz**
ISBN 978-3-941837-50-8

Odile Lamourère
**Freunde gewinnen und bessere Beziehungen führen**
ISBN 978-3-941837-70-6

Erik Pigani
**Entschleunigen**
ISBN 978-3-941837-94-2

Pierre Rabhi & Anne van Stappen
**Für eine bessere Welt**
ISBN 978-3-941837-92-8

Hervé Magnin
**Lebensträume verwirklichen**
ISBN 978-3-941837-93-5

Rosette Poletti & Barbara Dobbs
**Loslassen**
ISBN 978-3-941837-53-9

Rosette Poletti & Barbara Dobbs
**Selbstbewusstsein**
ISBN 978-3-941837-54-6

Marc de Smedt
**Meditationen für jeden Tag**
ISBN 978-3-941837-69-0

Anne van Stappen
**Grenzen setzen – Nein sagen**
ISBN 978-3-941837-73-7

Anne van Stappen
**Selbstliebe**
ISBN 978-3-941837-68-3

Jacques de Coulon
**Krisen bewältigen**
ISBN 978-3-941837-91-1

Yves-Alexandre Thalmann
**Endlich frei von Schuldgefühlen**
ISBN 978-3-941837-72-0

Yves-Alexandre Thalmann
**Glückstraining**
ISBN 978-3-941837-49-2

Yves-Alexandre Thalmann
**Optimismus**
ISBN 978-3-941837-51-5

www.trinity-verlag.de